उपजे संदेह विश्वास करो

अजय अमिताभ सुमन

Copyright © Ajay Amitabh Suman
All Rights Reserved.

This book has been self-published with all reasonable efforts taken to make the material error-free by the author. No part of this book shall be used, reproduced in any manner whatsoever without written permission from the author, except in the case of brief quotations embodied in critical articles and reviews.

The Author of this book is solely responsible and liable for its content including but not limited to the views, representations, descriptions, statements, information, opinions and references ["Content"]. The Content of this book shall not constitute or be construed or deemed to reflect the opinion or expression of the Publisher or Editor. Neither the Publisher nor Editor endorse or approve the Content of this book or guarantee the reliability, accuracy or completeness of the Content published herein and do not make any representations or warranties of any kind, express or implied, including but not limited to the implied warranties of merchantability, fitness for a particular purpose. The Publisher and Editor shall not be liable whatsoever for any errors, omissions, whether such errors or omissions result from negligence, accident, or any other cause or claims for loss or damages of any kind, including without limitation, indirect or consequential loss or damage arising out of use, inability to use, or about the reliability, accuracy or sufficiency of the information contained in this book.

Made with ♥ on the Notion Press Platform
www.notionpress.com

मेरे द्वारा प्रस्तुत की गई कविताएं , कहानियां और लेख मेरे द्वारा ग्रहण किये गए तथ्यों पर आधारित है । ये रचनाएं कुछ और नहीं बल्कि मेरे द्वारा गृहीत किये गए तथ्यों और भावनाओं का प्रस्तुतीकरण मात्र है , इस कारण मैं इनके प्रमाणिकता का दावा नहीं करता । मेरी कथाओं , कहानियों और लेखों में गलतियों की संभावना हो सकती है , अतः इन कथाओं , कहानियों , लेखों को वास्तविक तथ्यों के प्रमाण के रूप में न देखा जाय ।

क्रम-सूची

प्रस्तावना

मैं जो कुछ भी लिखता हूँ , वो स्वान्तः सुखाय की भावना से प्रेरित होकर लिखता हूँ । मेरा उद्देश्य किसी की भी भावना को आहत करना नहीं हैं ।यदि मेरे द्वारा प्रस्तुत किये तथ्यों , कहानियों , कविताओं या तथ्यों के प्रस्तुतीकरण में यदि कोई त्रुटि है तो कृप्या इसे मेरे ईमेल ajayamitabh7@gmail.com पर बताये ताकि इनको मैं दूर कर सकूँ।और अंत मेंमेरी कथाओं , कहानियों तथा लेखों से किसी की भी भावना आहत होती है तो इसके लिए मैं क्षमप्रर्थी हूँ ।

भूमिका

लेखक का परिचय : अजय अमिताभ सुमन , अधिवक्ता , लेखक और कवि। अंग्रेजी और हिंदी में सामान अधिकार। 15 से ज्यादा पुस्तकें अमेज़न पर उपलब्ध। दिल्ली हाई कोर्ट में पिछले दो दशकों से बौद्धिक संपदा विषयक क्षेत्र में वकालत जारी।

अनगिनत कानून सम्बन्धी पत्रिकाओं जैसे कि पेटेंट एंड ट्रेड मार्क्स केसेस , लाव्यर्संक्लब इंडिया , लीगलसर्विसइंडिया , पाथ लीगल , लाइव लॉ , बार एंड बेंच , लीगल डिजायर , स्पाइसी आईपी , लेक्स एस्पायर जर्नल इत्यादि में कानून संबंधित लेख , खबर का प्रकाशन। कानून के अलावा साहित्य , दर्शन , विज्ञान , इतिहास, धर्म , विज्ञान इत्यादि में रूचि। अनेक पत्र, पत्रिकाओं, अख़बारों में कहानी , कविता , निबंध, लेख इत्यादि का प्रकाशन जैसे कि टाइम्स ऑफ़ इंडिया , नव भारत टाइम्स, दैनिक जागरण , अमर उजाला , स्पीकिंग ट्री , आज, हिंदुस्तान, आर्यावर्त, यूथ की आवाज, साहित्य कुंज , प्रतिलिपि , साहित्य पीडिया ,रचनाकार , शब्द, समजोद्धार, नूतन पथ इत्यादि।

पावती (स्वीकृति)

लेखक की हिंदी भाषा में प्रकाशित काव्य पुस्तकें

1.माँ : एक गाथा

2.तू वकील दुनिया में नाम कर जायेगा

3.दुर्योधन कब मिट पाया : भाग : 1

4.दुर्योधन कब मिट पाया : भाग : 2

5.दुर्योधन कब मिट पाया : भाग : 3

6.कौन हूँ मैं ?

7.मुकुक्षु : सत्यान्वेषी की कवितायेँ

8.विश्वास संदेह पर

===============

लेखक की हिंदी भाषा में प्रकाशित व्ययंगात्मक लघु कथाएं

1.मर्सिडीज बेंज वाला एक गरीब आदमी

2.एक कॉर्पोरेट डोंकी : कॉर्पोरेट जगत के रहस्य

3.धार्मिक भेड़िया: एक दफ्तर का

4. कुण्डलिनी बाबा की

===============

लेखक द्वारा रचित मानवीय संवेदनाओं को व्यक्त करती हुई लघु कथाओं का संग्रह

बिछिया:एक रुकी हुई माफ़ी

=============

लेखक की हिंदी भाषा में प्रकाशित पौराणिक कथाएं

1.भ्रांतियां महाभारत की: भाग 1

आमुख

Author's Poetry Books Published in English Language

1.When Silence Speaks

2. I am I am Not

==================

Author's Spiritual Books Published in English
Language

1.The Devil

==================

Author's Motivational Books Published in English
Language

1.When in Pain, How to take God's Name?

2.If you aspire for throne, be ready to be alone

==================

Author's Satire Published in English Language

1.The Illegality of Law

2. Why to flaunt Surname

1. जीव और जगत

जीव को जगत की प्रतीति नहीं होती तो इसका कारण भी
है । जो मछली पानी से हीं घिरी हुई हो , उसे पानी का
एहसास कैसे हो ?

जीव तुझमें और जगत में,
है फरक किस बात की,
ज्यों थोड़ा सा फर्क शामिल,
मेघ और बरसात की।
वाटिका विस्तार सारा ,
फूल में बिखरा हुआ,
त्यों वीणा का सार सारा,
राग में निखरा हुआ।
चाँदनी है क्या असल में ,
चाँद का प्रतिबिंब है,
जीव की वैसी प्रतीति ,
गर्भ धारित डिम्ब है।
या रहो तुम धुल बन कर ,
कालिमा कढ़ते रहो,
या जलो तुम मोम बनकर ,
धवलिमा गढ़ते रहो।
पर परिक्षण में लगो या,
स्वयम के उत्थान में,
या निरिक्षण निज का हो चित ,

रत रहे निज त्राण में।
माँग तेरी क्या परम से ,
या कि दिन की ,रात की,
जीव तुझमें और जगत में,
बस फरक इस बात की।

2. जग सपना है पर अपना है

वेदान्तियों के अनुसार ये संसार माया है,मिथ्या है। परंतु एक आदमी बुद्ध पुरुषों के इन गूढ़ वचनों को समझे कैसे? चोट लगने पर पीड़ा भी होती है , तो मनोनुकूल फल की प्राप्ति होने पर आनंद की अनुभूति भी। सुख और दुःख की अनुभूति प्रदान करने वाले इस संसार को झूठ समझे भी तो कैसे ? एक साधारण मानव के उलझन को रेखांकित करती हुई मेरी कविता प्रस्तुत है " जग सपना है पर अपना है "।

जग सपना है पर अपना है
मृग तृष्णा की भांति सपना ,
जग ऐसा बुद्धों का कहना।
था उनका अनुभव बोल गए,
अंतर अनुभूति खोल गए।
पर बोध मेरा कुछ और सही,
प्रज्ञा कहती कुछ और रही।
चाटें भी लगते हैं मग में ,
कांटे भी चुभते हैं डग में।
कैसे कह दूँ जो है जग में ,
वो लहू झूठ बहता रग में।

जो कष्ट जनित छाले होते ,
किस भांति मिथ्या हो सकते?
जब प्रेमलिप्त हो आलिंगन,
तब हो जाता है पुलकित मन।
और उदर क्षोभ से व्याकुल तन,
हो जठर उष्म का वेग गहन।
तब कुक्ष हुताशन हरने को ,
नर क्या न करता भरने को।
सुख भी दुःख भी पीड़ा होती ,
वो कह देते प्रज्ञा झूठी?
जो भी दीखता संसार मेरा ,
जिससे चलता व्यापार मेरा।
शत्रु मित्र आदि मेरे बच्चे ,
है छद्म कहाँ ना हैं सच्चे ?
जब व्याघ्र सिंह आ जाते हैं ,
क्या हम ना जान बचाते हैं ?
और काया के जल जाने पर ,
क्या हँस पाते मिथ्या कह कर?
सपनों जैसे ना उड़ते है ,
सपनों जैसे ना फिरते है ।
जीवन में जो है पक्का है ,
हर अनुभव सीधा सच्चा है।
जाने कहते क्यों सपना है ,
सब मिथ्या है सब सपना है ।
वो हीं जाने जग माया है,
क्यों परम तत्व की छाया है?
गर परम तत्व है हर डग में,

बहता रहता गर रग रग में ।
मैं भी तो खोजू हर मग में ,
फिर क्यूँ ना दिखता वो जग में?
अब झूठा है या सपना है ,
जग जैसा भी पर अपना है।
ये झूठ सही हीं सच मेरा ,
जो सच उनका ना सच मेरा।
सच्चा लगता जग ये है कहना,
जो दृष्टि में ना है सपना ।
वो कहते मिथ्या सपना है ,
पर अपना है जग अपना है।

3. जीवन ऊर्जा

जीवन ऊर्जा तो एक ही है,
ये तुमपे कैसे खर्च करो।
या जीवन में अर्थ भरो या ,
यूँ हीं इसको व्यर्थ करो।
या मन में रखो हींन भाव
और ईक्किात औरों पे प्रभाव,
भागो बंगला गाड़ी पीछे ,
कभी ओहदा कुर्सी के नीचे,
जीवन को खाली व्यर्थ करो,
जीवन ऊर्जा तो एक ही है,
ये तुमपे कैसे खर्च करो।
या पोषित हृदय में संताप ,
या जीवन ग्रसित वेग ताप,
कभी ईर्ष्या, पीड़ा हो जलन,
कभी घृणा की धधके अगन,
अभिमान , क्रोध अनर्थ तजो,
जीवन ऊर्जा तो एक ही है,
ये तुमपे कैसे खर्च करो।
या लिखो गीत कोई कविता,
निज हृदय प्रवाहित हो सरिता,
कोई चित्र रचो, संगीत रचो,
कि कोई नृत्य कोई प्रीत रचो,

तुम हीं संबल समर्थ अहो ,
जीवन ऊर्जा तो एक ही है,
ये तुमपे कैसे खर्च करो।
जीवन मे होती रहे आय,
हो जीवन का ना ये पर्याय,
कि तुममे बसती है सृष्टी,
हो सकती ईश्वर की भक्ति,
तुम कोई तो निष्कर्ष धरो,
जीवन ऊर्जा तो एक ही है,
ये तुमपे कैसे खर्च करो।
कभी ईश्वर यहाँ न आते हैं ,
कोई मार्ग बता न जाते हैं ,
तुमको हीं करने है उपाय,
इस जीवन का क्या है पर्याय,
तुम हीं निज में कुछ अर्थ भरो,
जीवन ऊर्जा तो एक ही है,
ये तुमपे कैसे खर्च करो।

4. जीवन क्या है मानस पट पे

जीवन क्या है मानस पट पे
घुमड़ घुमड़ के आते बादल
कभी खुशी के ये उजले बादल
कभी गम के ये काले बादल।
कभी भावों से होकर बोझिल
आँखों से बरसते बादल।
प्रभु ने सुंदर आकाश दिया
मानस पट पे प्रकाश किया।
अहम् स्याही से मानुस ने
बंजारों का विकास किया।
ये बंजारे कभी प्रीत सिखाते
अपरिचित को मीत बनाते।
कभी मीत बन जाता दुश्मन
कभी दुश्मन को प्रीत सिखाते।
प्रभु भावों के रूप अनगिनत
भावों के अनगिनत बादल।
इन भावों के पार प्रभु तू
बाधा तेरे ही निर्मित बादल।
मेरी धरती पे देना ही है तो
प्रभु ऐसे देना बादल।

मानवोचित भावों से वंचित
और प्रभुप्रेम जो संचित।

• 9 •

5. जो जग में छिपा हुआ, तुमुल ये अज्ञान है

लोग ईश्वर का साक्ष्य मांगते है . ये सृष्टि हीं ईश्वर का सबुत है . यहाँ अगर दिन है तो राज भी . सुख है तो दुःख भी . अँधेरा है तो प्रकाश भी है . स्वार्थ है तो परमार्थ भी . अर्थात् इस जगत में जो कुछ भी है , वो अपनी विपरीतता मे मौजूद है . पूरा जगत द्वंद्व है , तो ईश्वर भी है जो निर्द्वंद्व है . अगर माया है तो सच भी है . अगर सृष्टि है तो स्रष्टा भी है . अगर दृष्टि है तो द्रष्टा भी . अगर जगत है तो ब्रह्म भी . ये जगत हीं ईश्वर का प्रमाण है . इस कविता में मैंने यही भाव प्रस्तुत किये हैं .

ज्यों जग में छिपा हुआ,तुमुल ये अज्ञान है,
त्यों तम का भेद जाने, ये मनुज विज्ञान है।

हृदय में संचार करता, भय है घन घोर भी,
त्यों तम को क्षीण करता, है सबेरा भोर भी।
ज्यों जगत में प्रेम भी है,चिर सुख की आस भी,
दुख की बदली छिपी है,घृणा , अविश्वास भी।

जब वीणा के तार रगड़े, सुर भी सानंद हो ,
बिन पीड़ा के कहो कैसे,कोई भी आनंद हो?

कदापि व्यतीत जीवन, चाह को तकते हुए,
पथिक को पथ मिले ना,राह को भटके हुए।

इस जगत में ज्यों है पर्वत, धीर से अड़े हुए,
त्यों हीं है विस्तृत सागर,भीर से पड़े हुए।
काली काली कोकिला हैं, फूल भी सफेद हैं,
नीर को तरसे मरु तो, जल बहाते मेघ है।

ज्यों सघन हो भाव मन में, सेवा और परमार्थ का,
त्यों हीं जानो हो आक्रमण,निर्दयी निज स्वार्थ का।
इस जगत में जो भी हैं,बस द्वंद्व से परिपूर्ण है,
गर जड़ है इस जगत में, वो भी है जो पूर्ण है।

द्वंद्व भी तो कुछ नहीं,कि मात्र एक अवरोध है,
छाया है निर्द्वंद्व निज का,निज से हीं विरोध है।
जब भी हो प्रकाश जग में, बनती और मिटती है छाया,
उस परम का साक्ष्य क्या दूँ ,साक्ष्य जग है, साक्ष्य माया।

चल रहा है ये जगत तो, वो भी जो अकाट्य हैं ,
मैं भी तू भी चर अचर भी,उस परम के साक्ष्य हैं।

6. ज्ञान और मोह

दो राही चुपचाप चल रहे,ना नर दोनों एक समान,
एक मोह था लोभ पिपासु ,और ज्ञान को निज पे मान।
कल्प गंग के तट पे दोनों,राही धीरे चल पड़े ,
एक साथ थे दोनों किंतु,मन से दोनों दूर खड़े।
ये ज्ञान को अभिमान कि,सकल विश्व ही उसे ज्ञात था,
और मोह की तृष्णा भारी,तुष्ट नहीं जो उसे प्राप्त था।
मोह खड़ा था तट पे किंचित,फल फूलों की लेकर चाह,
ज्ञान गड़ा था गहन मौन में,अन्वेषित कर रहा प्रवाह।
पास ही गंगा बह रही थी,अमर तत्व का लेकर दान,
आओ खो जाओ दोनों कि,अमर तत्व मैं करूँ प्रदान।
बह रही हूँ जन्मों से मैं,आ मधुर रस पान कर,
निज की पहचान कर ले,अमरत्व वरदान भर।
मोह ने सोचा कुछ पल को,लोभ पर भारी पड़ा,
और उस पे हास करके,ज्ञान बस अकड़ा रहा।
कल्प गंगे भी ये मुझको ,सिखला सकती है क्या?
और विहंसता मोह पे वो,देखता डुबकी लगा।
कल्प गंगे में उतरकर,मोह तो पावन हुआ,
हो रही थी पुष्प वर्षा,दृश्य मन भावन हुआ।
पूज्य हुआ जो पतित था,स्वयं का अभिमान खोकर,
और इसको ज्ञात था क्या,ज्ञान का अभिमान लेकर?
पात्रता असाध्य उनको,निज में ही जकड़े रहे,
ना झुके बस पात्र लेकर,राह में अकड़े रहे?

7. मौन का संवाद

ये कविता गौतम बुद्ध और उनके शिष्य महाकाश्यप के बीच मौन संवाद की घटना पर आधारित है। गौतम बुद्ध ने इस घटना के माध्यम से ये बताने की कोशिश की है कि गहन ज्ञान का अनुभव केवल मौन ध्यान में हीं संभव होता है। ये एक आदमी का मन हीं है जो इस मौन संवाद में बाधा बनता है। यदि मानव अपने मन को शांत कर ले तो घटना घट जाती है जिसे निर्वाण कहते हैं। शायद यही कारण था , कि मेहर बाबा समाधि फलित हो जाने के मृत्यु पर्यन्त मौन हीं रहे। प्रस्तुत है मौन के संवाद को प्ररिलक्षित करती हुई कविता"मौन का संवाद"।

मौन का संवाद है क्या,

व्यर्थ ये विवाद है क्या।

बौद्ध भिक्षुक अड़ पड़े थे,

ज्ञान का अवसाद है क्या?

जानकर विवाद सारा,

व्यर्थ का संवाद सारा।

भिक्षुकों के प्रश्न गुनकर,

बुद्ध ने कुछ यूं विचारा।

यूँ विचारा कि किसी दिन,

किसी मनोहर भिक्षुक गाँव।

लिए हाथ में पुष्प मनोहर ,

बुद्ध आ बैठे पीपल छाँव।

सभा शांत थी , बाग़ शांत था ,
चिड़ियाँ गीत सुनाती थीं ।
भौंरें रुन झुन नृत्य दिखाते ,
और कलियाँ मुस्काती थी ।
बुद्ध की वाणी को सुनने को ,
सारे तत्पर भिक्षुक थे ।
हवा शांत थी ,वृक्ष शांत सब,
इस अवसर को उत्सुक थे ।
उत्सुक थे सारे वचनों को ,
जब बुद्ध मुख से बोलेंगे ।
बंद पड़े जो मानस पट है ,
बुद्ध निज वचनों से खोलेंगे।
समय धार बहती जाती थी ,
बुद्ध मुख से कुछ न कहते थे ।
मन में क्षोभ विकट था सबको ,
पर भिक्षुक जन सहते थे ।
इधर दिवस बिता जाता था ,
बुद्ध बैठे थे ठाने मौन ।
ये कैसी लीला स्वामी की ,
बुद्ध से आखिर पूछे कौन ?
काया सबकी भाग में स्थित ,
पर मन दौड़ लगाता था ।
भय ,चिंता के श्यामल बादल ,
खींच खींच के लाता था।
तभी अचानक जोर से सबने ,
हँसने की आवाज सुनी ।
अरे अकारण हँसता है क्यूँ ,

ओ महाकश्यप, ओ गुणी ।
गौतम ने हँसते नयनों से ,
महाकश्यप को दान किया ।
निज वन में जाने से पहले ,
वो ही पुष्प प्रदान किया ।
पर उसको न चिंता थी न,
हँसने को अवकाश दिया ।
विस्मित थे सारे भिक्षुक क्या,
गौतम ने प्रकाश दिया ।
तुम्हीं बताओ महागुणी ये ,
कैसा गूढ़ विज्ञान है ?
क्या तुम भी उपलब्ध ज्ञान को ,
हो गए हो ये प्रमाण है?
कहा ठहाके मार मार के ,
महाकश्यप गुणी सागर ने ।
परम तत्व को कहके गौतम ,
डाले कैसे मन गागर में ।
मौन का संवाद सुन सको ,
तब तुम भी सब डोलोगे ।
बुद्ध तुममें भी बहना चाहे ,
तुम मन पट कब खोलोगे?

8. सपना प्राप्त हुआ किसको

ये कविता एक बुजुर्ग , बुद्धिमान मंत्री और उसके एक अविवाहित राजकुमार के बीच वार्तालाप पर आधारित है. राजकुमार हताशा की स्थिती में महल के प्राचीर पर बैठा है . मंत्री जब राजकुमार से हताशा का कारण पूछते हैं , तब राजकुमार उनको कारण बताता है. फिर उत्तर देते हुए मंत्री राजकुमार की हताशा और इस जग के मिथ्यापन के बीच समानता को कैसे उजागर करते हैं, आइये देखते हैं इस कविता में .

युवराज हे क्या कारण, क्यों खोये निज विश्वास?
मुखमंडल पे श्यामल बादल ,क्यूँ तुम हुए निराश?

चुप चाप खोये से रहते ,ये कैसा कौतुक है?
इस राष्ट्र के भावी शासक,पे आया क्या दुःख है?
आप मंत्री वर बुद्धि ज्ञानी ,मैं ज्ञान आयु में आधा ,
ना निराश हूँ लेकिन दिल में,सिंचित है छोटी एक बाधा.

पर आपसे कह दूँ ऐसे ,कैसे थोड़ा सा घबड़ाऊँ
पितातुल्य हैं श्रेयकर मेरे,इसीलिए थोड़ा सकुचाऊँ .
अहो कुँवर मुझसे कहने में, आन पड़ी ये कैसी बाधा?
जो भी विपदा तेरी राजन, हर लूँगा है मेरा वादा .

तब जाकर थोड़ा सकुचा के, कहता है युव राज,
मेरे दिल पे एक तरुणी का, चलने लगा है राज .
वो तरुणी मेरे मन पर ,हर दम यूँ छाई रहती है ,
पर उसको ना पाऊँ मैं,किंचित परछाई लगती है.

हे मंत्री वर उस तरुणी का, कैसे भी पहचान करें,
उसी प्रेम का राही मैं हूँ, इसका एक निदान करें .
नाम देश ना ज्ञात कुँवर को , पर तदवीर बताया,
आठ साल की कन्या का,उनको तस्वीर दिखाया.

उस तरुणी के मृदु चित्र , का मंत्री ने संज्ञान लिया ,
विस्मित होकर बोले फिर, ये कैसा अभियान दिया .
अहो कुँवर तेरा भी कैसा,अद्भुत है ये काम
ये तस्वीर तुम्हारी हीं,क्या वांछित है परिणाम?

तेरी माता को पुत्र था, पुत्री की भी चाहत थी ,
एक कुँवर से तुष्ट नहीं न, मात्र पुत्र से राहत थी .
चाहत जो थी पुत्री की , माता ने यूँ साकार किया,
नथुनी लहंगे सजा सजा तुझे ,पुत्री का आकार दिया.

छिपा कहीं रखा था जिसको, उस पुत्री का चित्र यही है,
तुम प्रेम में पड़ गये खुद के , उलझन ये विचित्र यही है .
उस कन्या को कहो कहाँ, कैसे तुझको ले आऊं मैं ?
अद्भुत माया ईश्वर की , तुझको कैसे समझाऊँ मैं ?

तुम्हीं कहो ये चित्र सही पर , ये चित्र तो सही नहीं ,

मन का प्रेम तो सच्चा तेरा , पर प्रेम वो कहीं नहीं .
कुँवर प्रेम ये तेरा वैसा , जैसा मैं जग से करता हूँ ,
खुद हीं से मैं निर्मित करता खुद हीं में विस्मित रहता हूँ .

• 18 •

मनोभाव तुम्हारा हीं ठगता ,इससे हीं व्याप्त रहा जग तो ,
हाँ ये अपना पर सपना है,पर सपना प्राप्त हुआ किसको?

9. ईश्वर क्या है एक संयोग

ईश्वर क्या है एक संयोग ?, मानव प्रतिदिन करे ये शोध।

कर्म, धर्म, जप, भक्ति-योग, करे मंत्र का भी उपयोग।

हठयोग का भी करे अभ्यास, कभी ध्यान से करे तलाश।

सुख की सतत, मनुज की प्यास, करवाती नित बड़े प्रयास।

तभी पूर्ण होती ये खोज, नर को होता जब ये बोध।

वही था ईश्वर, रहा अबोध, स्वयं ही बना रहा अवरोध।

नदी,नाले, पोखर, हर डग में, पशु, पंछी, कीट,वृक्ष, हर पग में।

अग्नि, वायु, तृण, जल, थल, मग में, श्वास, कान, आँख,हर रग में।

ज्ञानी-मानी, मंद ,मूर्ख और ठग में, कहाँ नही ईश्वर है जग में।

ईश्वर दिन है , ईश्वर रात, तुझमे मुझमे ईश्वर व्याप्त।

बुझती है ईश्वर की प्यास, नर को जब ये होता ज्ञात।

ईश्वर हर दिन, हर क्षण रोज, सबकुछ ईश्वर होता बोध।

10. क्या हूं मैं?

एक चित्रकार विविध रंगो का उपयोग कर कैनवास पर नाना प्रकार के चित्र बनाता है। चित्र बनाता भी है , तो जरूरत पड़ने पर मिटाता है। क्या हो अगर रंग खुद पर हीं नाज करने लगे? क्या हो अगर रंग स्वयं को हीं रचनाकार मानने लगे। मानव के साथ कुछ ऐसा हीं तो नहीं? ये असीमित ब्रह्मांड ईश्वर के अनंत कैनवास पर चित्रित की गई एक अतुलित रचना हीं तो है। मानव का वजूद एक रंग से ज्यादा हो भी क्या सकता है?फिर छोटी छोटी उपलब्धियों पर गुमान क्यों? छोटी छोटी असफलताओं पर निराशा क्यों?

क्या हूं मैं?

एक किरण ,
चैतन्य के प्रकाश पर,
बिखरी हई,
मात्र एक किरण।

क्या हूं मैं?

एक लहर,
परम ब्रह्म के,

अजय अमिताभ सुमन

असीमित सागर में,
बनती हुई,
मिटती हुई,
एक लहर।

क्या हूं मैं?

एक झोंका,
हवा का,
अनंत ईश्वर के,
आकाश में।

इतराती हुई,
बल खाती हुई,
मुस्कुराती हुई,
लहराती हुई,
ईठलाती हुई,
मिट जाती हुई।

एक हिस्सा,
अदना सा हिस्सा,
इस असीमित, अनंत,
आकाश का,
सागर का,
प्रकाश का।

अनजान,

इस बात से अनजान,
कि इन लहरों के,
झोकों के,
या किरणों के ,
बनने का या मिटने का।

ना तो हर्ष हीं मनाता है,
ये चैतन्य ,
ये सागर,
ये आकाश,
ये प्रकाश,
और ना शोक हीं।

11. ईश विष दृश

जीवन के थपेड़ों के कारण मनुष्य में अनगिनत नकारात्मक प्रवृत्तियां जन्म ले लेती है , पर मानव इन प्रवृत्तियों को स्वीकार नहीं कर पाता. उसकी नजर में ईश्वर अमृत की तरह अनुकरणीय है , पर विष के रास्तों से गुजरते हुए ईश्वर उसकी परिकल्पना का वस्तु मात्र रह जाता है. वो प्रेम , सच्चाई को मानता है , पर जानता नहीं . जिस प्रकार टार्च लेकर अँधेरे को तलाशा नहीं जा सकता , उसी प्रकार सच्चाई , प्रेम की बातों को मानकर ईश्वर को जाना नहीं जा सकता. ईश्वर को अपनी बुराइयों की पहचान कर और उसपे नियंत्रण प्राप्त करके वैसे हीं पाया जा सकता है, जैसे किसी विषधर को देखते हीं मनुष्य उसका हनन कर देता है. ये कविता इसी सत्य को उद्घाटित करती है.

पत्थर में क्यों ढूढें ईश को,
क्यों पत्थर को कर जल भर दे?

जीवन को क्यों करता पत्थर?
पत्थर में जीवन बस भर दे।
तेरी जीत पे क्या तू खुश है?
क्या हार पे सच में दुःख है?

निराकाश पे बनती मिटती,

फिर क्या दुख है, फिर क्या सुख है?
सागर की लहरों पे टिक कर,
कहता मन कुछ कुछ लिख लिख कर,

भला किसी को सूरज मिला है,
तम के बाहों में लुक छिप कर?
झूठ बुरा है, माना तूने,
पर क्या सच पहचाना तुने?

क्रोध बला है कह देने से,
कभी शांति को जाना तूने?
जहर कभी ना माना तूने,
विष को हीं पहचाना तूने,

जभी ज्ञात कोई विषधर तुझको,
रोम रोम में जाना तूने।
प्रेम सुधा की बातें करते ,
पर सबसे तुम जलते रहते,

घृणा सत्य है तुमको बंधू ,
निंदा पर हीं तुम तो फलते।
तो ईश्वर को विष दृष जानो,
फिर क्या मुश्किल न पहचानो?

पर अमृत सम माया कहते ,
फिर कैसे उसको पहचानो?
अमृत जैसा वो ना भ्रम है,

अति निरर्थक तेरा श्रम है,

गरल सरीखा उसको जानो,
प्रभु मिलेंगे मेरा प्रण है ?

12. मृग तृष्णा

वेदान्तियों की माने तो ये संसार मृग तृष्णा की भांति
माया है , अस्तित्व में होते हुए भी अस्तित्ववान नहीं है।
परन्तु एक साधारण पुरुष महापुरुषों के इन गूढ़ वचनों को
कैसे समझे? सुख और दुःख की अनुभूति प्रदान करने वाले
इस संसार को मिथ्या माने भी तो आखिर कैसे ? एक
साधारण मानव के इसी उलझन को दिखाती हुई मेरी
कविता प्रस्तुत है " मृग तृष्णा ।
मृग तृष्णा समदर्शी सपना ,
भव ऐसा बुद्धों का कहना।
था उनका अनुभव खोल गए,
अंतर अनुभूति बोल गए।
. . . .

पर बोध मेरा कुछ और सही,
निज प्रज्ञा कहती और रही।
जब प्रेमलिप्त हो आलिंगन,
तब हो जाता है पुलकित मन।
. . . .

और शत्रु से उर हो कलुषित ,
किंतु मित्र से हर्षित हो मन।
चाटें भी लगते हैं मग में ,
काँटें भी चुभतें हैं पग में।
. . . .

वो हीं जाने क्या मिथ्या डग में,
ऐसा क्यों कहते इस मग में?
पर मेरी नज़रों में सच्चा ,
लहू लाल बहता जो रग में?

....

13. जग में डग का डगमग होना

जग में डग का डगमग होना ,जग से है अवकाश नहीं ,
जग जाता डग जिसका जग में,जग में है सन्यास वहीं ।
है आज अंधेरा घटाटोप ,सच है पर सूरज आएगा,
बादल श्यामल जो छाया है,एक दिन पानी बरसायेगा।
तिमिर घनेरा छाया तो क्या , है विस्मित प्रकाश नहीं,
जग में डग का डगमग होना जग से है अवकाश नहीं।
कभी दीप जलाते हाथों में, जलते छाले पड़ जाते हैं,
कभी मरुभूमि में आँखों से, भूखे प्यासे छले जाते हैं।
पर कई बार छलते जाने से, मिट जाता विश्वास कहीं?
जग में डग का डगमग होना, जग से है अवकाश नहीं।
सागर में जो नाव चलाये, लहरों से भिड़ना तय उसका,
जो धावक बनने को ईक्षुक,राहों पे गिरना तय उसका।
एक बार गिर कर उठ जाना पर होता है प्रयास नहीं,
जग में डग का डगमग होना जग से है अवकाश नहीं।
साँसों का क्या आना जाना एक दिन रुक ही जाता है,
पर जो अच्छा कर जाते हो, वो जग में रह जाता है।
इस देह का मिटना केवल, किंचित है विनाश नहीं।
जग में डग का डगमग होना, जग से है अवकाश नहीं।

14. राजा और भिखारी

एक राजा जा रहा था शेर की शिकार में,
पोटली लेके खड़ा था एक भिक्षु राह में।
ये भिखारी घोर जंगल में यहाँ खो जाएगा,
शेर का भोजन यकीनन ये यहाँ हो जाएगा।
सोच कर राजा ने उसको राह से उठा लिया,
घबराया हुआ था भिक्षुक अश्व पे चढ़ा लिया।
वो भिखारी स्वर्ण रंजित अश्व पे चकित हुआ,
साथ नृप का मिला निजभाग्य पे विस्मित हुआ।
साथ ही विस्मित हुआ था नृप ये भी देखकर,
क्यों ये ढोता पोटली भी अश्व पे यूँ बैठ कर ?
ओ भिक्षु हाथ पे यूँ ना पोटली का बोझ लो,
अश्व लेके चल रहा है अश्व को ही बोझ दो।
आपने मुझको बैठाया कम नहीं उपकार है,
ये पोटली भी अश्व ढोये ये नहीं स्वीकार है।
और कुछ तो दे सकूँ ना नृप तेरी राह में,
कम से कम ये पोटली रहने दे मेरी बाँह में।
सोच के दिल को मेरे थोड़ा सा इत्मीनान है,
पोटली का बोझ मुझपे अश्व को आराम है।
भिक्षु के मुख ये सुन के राजा निज पे हँस रहा,
वो भी तो नादां है फिर क्यों भिक्षु पे विहंस रहा।
मैं भी तो बेकार हीं में बोझ लेकर चल रहा,
कर रहा ईश्वर मैं जानूँ हारता सफल रहा।

कर सकता था वो क्या क्या था उसके हाथ में,
ज्यों भिखारी चल रहा था पोटली ले साथ में।

15. उपजे संदेह विश्वास करो

लेकर प्रभु कभी शिशु ज्ञान,
सूरज लीले किया अन्तर्ध्यान।
कभी पर्वत को हिलाया था,
निज उंगली से उठाया था।
असुरों के प्राण को हरने को,
मानव दुख दर्द को तरने को।
कभी ईश्वर धरा पे आये थे,
संताप व्यथा हर लाये थे।
जब पाप बढेंगे धरती पर,
तब होगा अवतरित ईश्वर।
सारी बातें अनुमान गढ़ित,
है कहानियाँ मानव रचित।
निज बुद्धि में प्रकाश भरो।
कोरी कल्पित एहसास करो।
यूँ ही उम्मीद ना आस धरो,
उपजे संदेह विश्वास करो

16. अज्ञानता की जंजीर में

अज्ञानता की जंजीर में,
जकड़े हुए मन हैं जो।
माया भ्रमित जर्जरता में,
पकड़े हुए तन हैं जो।
अकारण डरे हुए जो,
स्वयं से भयभीत हैं।
अनभिज्ञ हैं सत्य से जो,
स्वयं विस्मित हैं।
अनगिनत जो जी रहे हैं,
अपने कब्रिस्तान में।
स्वयं निर्मित जाल में,
स्वयं के अज्ञान में।
नचिकेता के सदृश ही,
इन्हें जीवन दान दो,
मृतप्राय ही जीवित है,
प्रभु अभय ज्ञान दो।

17. इससे फर्क नहीं पड़ता

इससे फर्क नहीं पड़ता,
तुम कितना खाते हो?
फर्क इससे भी नहीं पड़ता,
कि कितना कमाते हो?
फर्क इससे भी नहीं पड़ता,
कि कितना कमाया है?
फर्क इससे भी नहीं पड़ता,
कि क्या क्या गंवाया है?
दबाया है कितनों को,
कुछ पाने के लिए
जलाया है कितनों को,
पहचान बनाने के लिए
फर्क इससे नहीं पड़ता,
कि दूसरों को रुलाया है
फर्क इससे नहीं पड़ता,
कि अपनों को सताया है
फर्क इससे पड़ता है,
तुम भी हँस सकते हो
तोड़ के बंधन सारे,
उत्सव रच सकते हो
अंगुलीमाल या डाकू रत्नाकर,
बुद्ध छिपे हर इंसान में

फर्क इससे पड़ता है,
कि ख़ुदा में बस सकते हो

विनम्र विनती : यदि आपको ये पुस्तक पसंद आयी हो तो अपने विचारों से मुझे मेरे ईमेल <u>ajayamitabh7@gmail.com</u> पर अवगत कराएं ।आप यदि चाहे तो अमेज़न पर कमेंट भी कर सकते हैं। यदि इस पुस्तक से आपको कोई लाभ होता दिखाई पड़ रहा हो तो इसे आप अपने मित्रों को भी बताएं।और अंत में , इस पुस्तक को पढ़ने के लिए धन्यवाद।

www.ingramcontent.com/pod-product-compliance
Lightning Source LLC
Chambersburg PA
CBHW031515150726
47990CB00007B/3031